hufeisen

Der Himmel
klingt in dir

Die heilende Kraft der Weihnachtslieder

camino.

Inhalt

 8

Vorwort

Musik kann heilen – das habe ich erfahren, bei mir und bei anderen.

Neu ist das nicht. Die Bibel erzählt eine Geschichte, die dreitausend Jahre alt ist. Da wurde der erste König Israels, Saul, von einem »bösen Geist« gequält – Forscher meinen, er habe unter Depressionen gelitten. Sauls Berater wussten um die Heilkraft der Musik: Sie holten einen jungen Hirten namens David, der Zither spielen konnte. Wurde Saul von Traurigkeit übermannt, »nahm David die Zither und spielte darauf. Dann fühlte sich Saul erleichtert, es ging ihm wieder gut und der böse Geist wich von ihm«, heißt es im ersten Buch Samuel, Kapitel 16.

Es gibt eine einfache Erklärung dafür, warum Musik heilt. Musik besteht aus Schwingung. Der ganze Kosmos bestehe letztlich aus Schwingung, sagen inzwischen nicht nur mystisch veranlagte Fromme, sondern auch viele Physiker. Wenn das stimmt, könnte es so sein: Die Schwingungen der Musik durchdringen unsere Körper und unsere Seelen; sie richten »schlechte« Schwingungen neu aus und verbinden uns wieder neu mit der himmlischen Kraft. Diese Erfahrung mache ich oft. Bei mir selbst, wenn ich mich der Musik öffne und mich berühren lassen kann. Und bei den

Zuhörern meine Konzerte. Viele von ihnen verlassen mit einem anderen, erlösten Gesichtsausdruck die Kirche oder den Saal. Und einige berichten mir hinterher, dass Sorgen oder sogar körperliche Beschwerden wenigstens für eine Zeit lang gewichen sind. Es ist mehr als ein Wortspiel: Wer Musik in seine Seele lässt, geht beschwingt ins Leben.
Die Advents- und Weihnachtszeit ist seit je eine Zeit des Singens und der Musik. Unzählige Weihnachtslieder wecken unsere Sinne und die Freude an den Klängen auch bei denen, die sonst Musik eher konsumieren. Es wird deutlich: Das christliche Abendland ist reich an Gesängen, an Liedern und Liturgien. Sie tragen in sich die Bilder der Vergangenheit und eine Ahnung von Ewigkeit. In den Weihnachtsliedern verdichtet sich der Augenblick. Im Gesang öffnet sich die Seele für eine andere Welt, eine kosmische, die im gesprochenen Wort nie zu finden wäre. Zugleich befreit das Singen die Seele.
Wer singt, entdeckt die heilende Kraft in sich selber.

Hans-Jürgen Hufeisen

I Grünkraft

O Tannenbaum,
du trägst ein'
grünen Zweig

O Tannenbaum, du trägst ein' grünen Zweig

Tannen sind vielleicht das stärkste natürliche Symbol für die Macht des Lebens. Ihr Grün besteht aus besonderen Blättern: aus Nadeln. Es welkt nicht, sondern trotzt der Kälte. Tannen überstehen die Unwirtlichkeit des Winters, schenken uns sogar in der klirrendsten Kälte ihre Farbe und ihre Lebenskraft: Immergrün – ein fröhliches Wort der Hoffnung. Bis zu achthundert Winter kann eine Tanne überstehen, bis zu drei Meter dick wird ihr Stamm und ihre Wurzeln reichen tief in die Erde.

Für das Leben und für die ewige Liebe sind die Tannen seit je ein Zeichen. Dichter nutzten den Baum für die Darstellung romantischer Szenen. Heinrich Heine etwa schildert eine Bergidylle, in der Tannen und Musik eine Rolle spielen:

Lauter rauscht die Tanne draußen,
Und das Spinnrad schnurrt und brummt,
Und die Zither klingt dazwischen,
Und die alte Weise summt:
»Fürcht' dich nicht, du liebes Kindchen,
Vor der bösen Geister Macht;

Tag und Nacht, du liebes Kindchen,
Halten Englein bei dir Wacht!

Eine Tanne, Engel, Kinder und Musik: Was für eine gebor-
gene häusliche Atmosphäre Heinrich Heine hier ersonnen
hat! Und wie einfühlsam er die kindliche Furcht im Blick
hatte!
Das erste Tannenlied, das ich gelernt habe, ist bekannter.
Es begleitet mich seit meiner Kindheit im Kinderheim
»Haus Sonneck« am Niederrhein, in dem ich groß wurde.
Wir Kinder haben uns immer sehr gefreut, wenn unsere
Erzieherinnen mit uns gesungen haben. Wir durften uns
auf den Boden setzen im Gruppenraum, da wo wir wollten,
nicht förmlich wie sonst auf Stühlen. Musik hat etwas mit
Freiheit und Bewegung zu tun, das wussten die Erzieherinnen. Gespannt warteten wir, dass meine Erzieherin Olga
ihre Flöte herausholte und anfing zu spielen. Eine Strophe
solo als Vorspiel, dann stimmten wir ein:

O Tannenbaum, o Tannenbaum,
du trägst ein' grünen Zweig,
den Winter, den Sommer,
das dauert die liebe Zeit.

Dieses Lied hat mich als Kind stets aufs Neue fasziniert. Das Lied vom Tannenbaum zählt zu den schönsten Moll-Melodien, die es im Volksliedbereich gibt. Heute weiß ich: Es ist sehr alt, über fünfhundert Jahre. Es ging den Menschen schon damals offensichtlich so zu Herzen, dass es in vielen Regionen Deutschlands gesungen wurde. Der Dichter Clemens von Brentano hat den Text erstmals auf Hochdeutsch gefasst und in seinem »Wunderhorn« veröffentlicht. Die Zeilen, die auch ich als Kind hörte. Es war besonders die zweite Strophe, die in mir eine Sehnsucht weckte. Die Sehnsucht nach Mutter und Vater.

Warum sollt' ich nicht grünen,
da ich noch grünen kann?
Ich hab' nicht Vater noch Mutter,
die mich versorgen kann.

Oh, das kannten wir alle, die in Haus Sonneck aufwuchsen: Unsere Mütter und Väter waren nicht da. Einige Eltern waren gestorben; andere konnten oder wollten sich aus unterschiedlichen Gründen nicht um ihre Kinder kümmern. Dieser Vers sprach uns allen aus dem Herzen.

Auch mir. Ich bin ohne Mutter und Vater aufgewachsen. Meine Mutter lebte noch, hatte sich jedoch dazu entschieden, mich nach der Geburt allein zu lassen. Allein in einem Hotelbett, in dem sie mich geboren hatte. Wer mein Vater war, wusste niemand so genau. Mehrere Männer standen zur Auswahl. Aber das alles war mir damals, mit fünf, sechs Jahren, noch nicht klar. Ich sollte es erst viel später erfahren, als ich schon erwachsen war. Eigentlich war mir noch nicht einmal klar, dass mir meine Mutter fehlte. Für uns Kinder war es ja der Normalzustand, von Erzieherinnen umsorgt zu werden. Trotzdem ahnte ich wohl: Mutter und Vater fehlen. Also saß ich kleiner Knirps da im Kinderheim und sang mit Inbrunst: »Ich hab nicht Vater noch Mutter, die mich versorgen kann.«

Diese Zeile traf mich ins Herz und in die Seele. Das Singen dieses Liedes tat mir gut. Ich hatte das Wissen: Mir ging es nicht alleine so. Ich hatte Mitgenossen, denen es ähnlich erging wie mir. So auch dem mutterlosen Tannenbaum. Und im Singen wurde bei mir wie bei den anderen eine heilende Kraft freigesetzt. Im Gesang öffneten sich unsere Kinderseelen für eine andere Welt, heute würde ich sagen: für eine kosmische Welt, die in bloßen Wörtern nie zu finden ist. Und in dieser anderen Wirklichkeit herrschen

andere Gesetze als in der sichtbaren. Da geschieht Heilung nicht nur, wenn man zum Arzt geht. Da heilen auch Klänge, Töne, Lieder.

Erzieherin Olga erkannte, wie gerne ich ihre Flöte hörte. Irgendwann sagte ich ihr: Das möchte ich auch können, so schöne Töne aus so einem Holz zaubern. Als ich sechs Jahre alt war, schenkte sie mir zu Weihnachten eine Blockflöte. Und eine Weile später spielte ich mit ihr auch das Lied vom Tannenbaum. Jede Strophe umwehte mich mit einer anderen Klangfarbe. Und der Tannenbaum wurde zum Sehnsuchtsort für meine Kinderwelt, in der ich dann selbst wie ein Baum wachsen durfte:

Und der mich kann versorgen,
das ist der liebe Gott,
der lässt mich wachsen und grünen,
drum bin ich stark und groß.

Sollte die letzte Strophe ein Versprechen sein? Ein Versprechen, das auch eingehalten würde? Später erst wurde mir klar, dass meine »Ersatzmütter« wie Gottesboten waren. Engel, die mich stärkten und liebten. Wie im

besungenen Tannenbaum – ich wurde umsorgt, konnte wachsen und grünen. Hildegard von Bingen nannte dieses Geschenk »Grünkraft«.

Jedes Mal, wenn ich zur weihnachtlichen Zeit einen Tannenbaum sehe, dann nehme ich die »Grünkraft« wahr, die in mir gewachsen ist. Und wenn ich dann noch das Lied auf meiner Holzflöte spiele, erwacht zugleich aus dem Holz eines Baumes etwas Lebendiges: als wenn der Traum vom mutterlosen Tannenbaum in mir neu aufersteht.

II Das Hirtenmädchen von Aleppo

Ich steh an deiner Krippen hier

Ich steh an deiner Krippen hier

Maria »gebar ihren Sohn, den Erstgeborenen. Sie wickelte ihn in Windeln und legte ihn in eine Krippe, weil in der Herberge kein Platz für sie war.« Fast lapidar klingt es, wie der Evangelist Lukas das Geschehen in der Heiligen Nacht beschreibt. Nur wer noch nie Armut gesehen hat, kann dieser Szene etwas Romantisches abgewinnen. Es war ganz und gar nicht romantisch damals. Eine junge Frau, unverheiratet, mit ihrem Verlobten unterwegs. Hochschwanger erreichte sie Bethlehem, das Ziel ihrer Reise. Doch niemand wollte sie aufnehmen und ihr ein Bett geben. Im Winter ist es auch in Judäa kalt. Trotzdem schickte man sie in einen Stall. Eine Krippe stand dort, aus der die Schafe und Ziegen fraßen. Diese Krippe wurde zum Kinderbett. Wohin hätte sie das Kind sonst legen sollen, das da gerade geboren worden war? Weder die Herbergsväter Bethlehems noch die Menschen, denen sie begegnet war, hatten ja ahnen können: Dieses Kind würde einmal die Welt heilen. Würde dem Frieden eine Stimme geben und der Barmherzigkeit, würde das Reich Gottes mitten auf Erden verkünden.

Der Dichter Paul Gerhardt hat diesen fast unglaublichen Zusammenhang in Worte gekleidet, die bis heute unzählige Seelen auf der ganzen Welt zum Klingen bringen:

Ich steh an deiner Krippen hier,
o Jesu, du mein Leben;
ich komme, bring und schenke dir,
was du mir hast gegeben.
Nimm hin, es ist mein Geist und Sinn,
Herz, Seel und Mut, nimm alles hin
und lass dir's wohlgefallen.

Da wagt sich ein gestandener Mann an die Krippe und erkennt: Dieses nackte kleine Kind ist für mein Leben bedeutsam. Ihm kann ich alles geben, darf mich zeigen, wie ich wirklich bin jenseits meiner Masken und meines Habens, meiner Stärken und Schwächen und jenseits der Schubladen, in die mich mein Umfeld einordnet. Ich gebe diesem Jesuskind alles – Herz, Seele und Mut, Geist und Sinn – und weiß: Bei Jesus ist es gut aufgehoben. Es wird mich heilen, wenn ich Jesus meine Ängste und Bitterkeit übergebe, ja sogar mein ganzes Leben. In die Melodie von

Johann Sebastian Bach gekleidet, ist dieses Lied eines
der schönsten christlichen Bekenntnisse, die ich kenne.
Sooft ich es höre, entsteht in mir ein Raum voller Schwingungen. Dabei versetze ich mich in die Rolle dessen, der
ein Geschenk überbringen will. So wie Paul Gerhardt es
beschrieben hat.

Bei diesem Lied denke ich auch an eine Begegnung, die ich
vor Jahren in Syrien hatte, als das Land noch nicht vom
Krieg und von marodierenden Fanatikern heimgesucht
wurde. Damals herrschte noch Frieden in dieser Region,
die mit ihrer alten Kultur eine Wiege der Menschheit ist.
Meine Reise führte mich auch nach Aleppo. Auf den Feldern vor dem Stadttor sah ich eine Ziegenherde. Zwischen
dem Geblöke der Tiere hörte ich Flötenmusik. Eine ganz
einfache, wunderschöne Melodie. Dann entdeckte ich, wer
sie spielte: ein Mädchen, vielleicht zwölf Jahre alt. Sie hü-
tete die Herde und vertrieb sich die Zeit mit der Flöte. Fast
meditierend und sehr wehmütig klang das. Kurz zuvor
hatte ich ein Gedicht des persischen Mystikers Jelaladdin
Rumi gelesen, der im dreizehnten Jahrhundert lebte. Was
er geschrieben hatte, passte erstaunlicherweise genau auf
das Mädchen, das da nun vor mir stand:

23

Warum spielst du so wehmütig,
verströmst deinen Kummer im wortlosen Gesang?
Die Flöte gab zur Antwort:
Ich wurde vom Baum des Lebens geschnitten,
vom saftigen Stamm.
Nun werde ich bleiben mit meiner Sehnsucht,
das, was ich bin.

Die Sichtweise des Poeten Rumi ist mit dem Gedanken des Weihnachtsliedes verwandt. Die Flöte überreicht sich selbst in Form sehnsüchtiger Melodien ihrem Spieler. Warum? Weil sie die Einsamkeit spürt. Einst war sie Teil des göttlichen Ganzen. Nun bewegt sie sich mutterseelenallein in der Welt und sehnt sich zurück. Um die Trennung zu heilen, gibt sie das Schönste, was sie hat: Töne und Melodien. Sie verschenkt sich in einer nicht enden wollenden Melodie der Sehnsucht. Das Verblüffende: Genau dadurch kommt ja die Sehnsucht ans Ziel! So wie auch Kirchenvater Augustinus es im vierten Jahrhundert erfahren hat: »Meine Sehnsucht wird nicht ruhig, ehe sie in dir ruht, Gott!« Bei Gott oder an der Krippe werde ich wieder mit dem Ganzen verbunden, dem ich entstamme. In jeder Religion und Kultur ist es möglich, diese Erfahrung des Sich-selbst-Verschenkens zu machen.

Das Weihnachtslied geht weiter. Dichter Paul Gerhardt kannte die Sehnsucht nach Frieden. Er hatte die Schrecken des Dreißigjährigen Krieges miterlebt: Hungersnot, Seuchen, Übergriffe von Soldaten. Diese Erfahrungen spiegeln sich in seinen Texten, dadurch gewinnen sie so große Tiefe. Deshalb auch ist die zweite Strophe so aktuell – gerade, wenn ich an den Krieg in Syrien denke. So viel Zerstörung und Verletzung. Aber auch angesichts dieses Leides lässt sich das Lied singen, denn es spiegelt die Hoffnung eines Menschen, der Abgründen ins Auge geblickt hat:

Ich lag in tiefer Todesnacht,
du warest meine Sonne,
die Sonne, die mir zugebracht
Licht, Leben, Freud und Wonne.
O Sonne, die das werte Licht
des Glaubens in mir zugericht',
wie schön sind deine Strahlen!

Hoffnung angesichts größter Leiden: Das ist Weihnachten. Dieses Lied fasst es unvergleichbar in Worte. Auch der Widerstandskämpfer Dietrich Bonhoeffer entdeckte die Tiefe

des Liedes. Als er 1943 im Gefängnis saß, schrieb er: »Man muss wohl lange allein sein und es meditierend lesen, um es aufnehmen zu können, es ist in jedem Wort ganz außerordentlich gefüllt und schön.«

Die Begegnung mit dem Hirtenmädchen bei Aleppo ist mir geblieben. Sie sitzt einfach da und spielt das, was in unserem Weihnachtslied so schön gesagt ist: »Herz, Seel und Mut, nimm alles hin.« Ihre Seele bläst sie einfach in die Flöte hinein, mit den Tönen fliegt sie hinaus. Die Melodie des Friedens legt sich wie Tau auf das verbrannte Land. Und dann stelle ich mir vor: Eines Tages erscheinen die Engel auch auf den Feldern von Aleppo. Und sprechen zu dem Hirtenmädchen: »Fürchte dich nicht. Ich verkündige dir Freude und Friede auf Erden. Steh auf und spiele dein Lied allen Menschen.«

III Fürchtet euch nicht!

Kommet, ihr Hirten

Kommet, ihr Hirten

Wahrlich, die Engel verkündigen heut'
Bethlehems Hirtenvolk gar große Freud':
Nun soll es werden Friede auf Erden,
den Menschen allen ein Wohlgefallen.
Ehre sei Gott!

Weihnachten in Deutschland? Das geht kaum ohne Hirten- oder Krippenspiel. Und das geht kaum ohne Blockflöte. Sie ist fast schon zum Botschafter weihnachtlicher Gefühle geworden. Zumindest in bürgerlichen Kreisen. Die Familie sitzt um den Baum, Sohn oder Tochter sagen Gedichte auf und spielen mehr oder weniger schleppend Weihnachtslieder auf ihren Flöten. In diese häusliche Romantik schleichen sich dann manchmal quietschende Töne, die die Weihnachtsperfektion der Eltern auf ungewollt humorvolle Weise durchbrechen.

Zu den Standards gehört das Lied »Kommet, ihr Hirten«. Selbstverständlich spielte auch ich es als Kind. Wer Flöte spielt, weiß: Dieses Lied ist nicht ganz so einfach, ein

böhmischer Hirtentanz, da ist schnelle Koordination von Fingern und Zunge gefordert. Deshalb ist das Lied auch in den meisten Blockflötenschulen zu finden. Geliebt habe ich das Lied als Flötenschüler nicht. Da wurde im Unterricht die Weihnachtsbotschaft der Engel für mich ganz unverhofft aktuell: »Fürchte dich nicht!« Und ich dachte: »Es wird schon vorübergehen!«

Kommet, ihr Hirten, ihr Männer und Fraun,
kommet, das liebliche Kindlein zu schaun,
Christus, der Herr, ist heute geboren,
den Gott zum Heiland euch hat erkoren.
Fürchtet euch nicht!

Fürchtet euch nicht! Das ist ein markanter Satz in diesem Weihnachtlied. In der Weihnachtsgeschichte erscheint ein Engel wie ein großes Licht den wachenden Hirten auf den Feldern von Bethlehem. Wie würden wir eigentlich reagieren, wenn mitten in unserem Alltag ein Engel auftauchte und ein ungeheures Licht uns umgäbe? Da würden auch wir Angst bekommen. Ein Glück, wenn dann eine Stimme diese drei Worte ruft: »Fürchte dich nicht!« Und damals

hieß es weiter, die Hirten sollten nach Bethlehem eilen und schauen, was da passiert sei.

Lasset uns sehen in Bethlehems Stall,
was uns verheißen der himmlische Schall;
was wir dort finden, lasset uns künden,
lasset uns preisen in frommen Weisen:
Halleluja!

Was wäre denn, wenn alle Hirten – alle Armen – der Welt sich aufmachen und ihren Träumen und Visionen folgen würden? Dorthin, wo Neues und Befreiendes für die Welt geboren würde? Es gäbe einen Aufstand, ein Aufstehen, eine Völkerwanderung. Die Stäbe der Hirten würden in die Wellen der Meere und auf die Erde schlagen wie auf Pauken und Trommeln, wie an Türen und Tore. Eine ungeheure Kraft und Energie würde die Erde wachrütteln. Und der Welt müsste man dann zurufen: Fürchte dich nicht!

Das war meine naive Vorstellung, als ich als Kind zum ersten Mal die Weihnachtsgeschichte von Carl Orff auf einer Schallplatte hörte. Da gibt es die Szene der Hirten. In

der Musik wird der Rhythmus der Hirten immer mächtiger, lauter und eindringlicher, als würden sie zu vielen Tausenden auf mich zueilen. Und das nur deshalb, weil eine Stimme ihnen sagte: »Fürchtet euch nicht, geht nach Bethlehem!« Die Hirten waren nicht mehr aufzuhalten. Und ganz am Schluss spielte ein kleiner Hirtenjunge das Lied »Kommet, ihr Hirten« auf einer Flöte. Eine ganz friedvolle Stimmung entstand. Nur der Hauch eines Tones war zu hören. Gott, im Hauch der Nacht. Ein Augenblick ohne Worte.

Im Weihnachtsoratorium von Johann Sebastian Bach gibt es nur einen Moment, der ohne Worte auskommt: die Hirtensinfonia. Darin spielen zwei Musikgruppen miteinander: Holzbläser und Streicher. Die Holzbläser symbolisieren die Hirtenmelodie, die Streicher den Chor der Engel. Leise, zart und eindringlich spielen die einen die musikalischen Motive der Hirten, die anderen die der Engel. Der Rhythmus wirkt tänzerisch – wie eine typische weihnachtliche Pastorale, wie ein Wiegenlied für die Welt. Eine Aura der Nachtstille wird mit den Klängen der Instrumente gemalt. Weit und ruhend ist die Situation. Den Hörenden dringen die Motive der beiden Gruppen unendlich tief ins innere Ohr. Fast meint man, die Ewigkeit klopfe an der

Weltentür. Beinahe überhört man die Wandlung des musikalischen Geschehens: In den letzten Takten tauschen die beiden Musikgruppen ihre Motive aus. Die Hirten spielen das Motiv der Engel und die Engel das Motiv der Hirten. Der Himmel ist angekommen. Er nimmt Platz! »Der Himmel klingt in mir.«

Engel der Stille

Ich bin die Stille.
Ich sage nichts, und ich tue nichts.
Ich bin da, anwesend wie du.
Ich stehe aufrecht wie ein Baum,
gepflanzt an den Wassern,
und in mir klingen Lieder der lautlosen Worte.
Mein Atem ist fließende Ruhe,
und mein Herz schlägt die Trommel
der unendlichen Zeit.

Meine Flügel, getragen
vom Hauch des heiligen Klangs,
führen und leiten mich.
Göttliches Licht ist mein Kleid,
und so erhebt sich meine Seele in dir
wie ein schimmerndes Juwel.
Ich bin die Kraft der Leichtigkeit
und bewahre deine Träume.

IV Von Gold, Weihrauch und Myrrhe

Wie schön leuchtet der Morgenstern

Wie schön leuchtet der Morgenstern
voll Gnad und Wahrheit von dem Herrn,
die süße Wurzel Jesse.

Oft werden Himmelserscheinungen belächelt und jene, die sie zu deuten versuchen, verspottet. Die drei Weisen aus dem Morgenland, die in der Weihnachtsgeschichte erscheinen, wecken hingegen allseits Respekt. Obwohl: So richtig glauben tun die wenigsten der Geschichte. Dass Gott einen hellen Stern schickt, um drei gelehrte Männer an die Krippe in Bethlehem zu locken – das ist ja auch ziemlich unglaublich. Astronomen haben herausgefunden, dass es um die Zeitenwende tatsächlich mehrere außergewöhnlich helle Sternenkonstellationen am Firmament gab. Ich weiß gar nicht, ob das wichtig ist. Offensichtlich ist die Erzählung über die drei Weisen aus dem Morgenland eine Legende. Ihr geht es nicht um eine historische, sondern um eine tiefer liegende Wahrheit. Sie dient einer beeindruckenden Vision: Dieses neugeborene ganz himmlische, ganz irdische Kind zieht die Menschen an, unabhängig von ihrer Kultur und Religion, unabhängig auch von ihrem Besitz und anderen Äußerlichkeiten.

An der Krippe in Bethlehem begegnen sich Arme und Reiche, Ungebildete und Hochgelehrte, Botschafter verschiedener Religionen und Traditionen. Dass sie dorthin gekommen sind, ist kein Zufall. Einige wurden von Engeln an den mystischen Ort geschickt. Andere folgten einem hellen Stern. Viele Künstler vergleichen Jesus selbst mit einem strahlenden Stern. Besonders der Morgenstern, ein sehr hell leuchtender Himmelskörper – meist die Venus –, der noch vor der Sonne den Tagesanbruch ankündigt, ist unter Dichtern zu einem Symbol für Christus geworden.

Dieses Motiv hat auch den Komponisten Philipp Nicolai vor mehr als vierhundert Jahren zu einem Lied inspiriert, das zu meinen Lieblingsmelodien gehört. Der lutherische Pastor hatte alles Dunkle seiner Zeit erlebt: Streit und Krieg, Pest und Elend. Den Abgründen wollte er wohl eine umso herrlichere Musik entgegensetzen. Und im Text sollte der helle Morgenstern das Dunkle entmachten, mindestens vergessen machen. Wirklich wichtig, sagt Nicolai durch sein Lied, ist Jesus, die »werte Kron«, »wahr Gottes und Marien Sohn«. Nicolais Lied ist fromm, ja – aber es wirkt auch wie ein inniges Liebeslied. »Bräutigam« nennt er ihn und findet Worte, mit denen man eine Geliebte beschreiben würde: »Nach dir wallt mir mein Gemüte«, schreibt er, und dass

Jesu Liebe ihn »entzündet« habe. Und schließlich verbindet auch Nicolai wieder die Musik mit dem Glauben.

Zwingt die Saiten in Cythara
und lasst die süße Musika
ganz freudenreich erschallen,
dass ich möge mit Jesulein,
dem wunderschönen Bräut'gam mein,
in steter Liebe wallen.
Singet,
springet,
jubilieret,
triumphieret,
dankt dem Herren;
groß ist der König der Ehren.

Als »Hohelied der Jesusminne« bezeichnen einige Musikwissenschaftler das Lied oder als »Königin der Choräle«. Ich kann das nachvollziehen. Das Lied vereint Mystik und Glaube und zeigt den geheimnisvollen Zusammenhang von

Innen und Außen. Nicolai, dankbar, dass er weder der Pest noch dem Krieg zum Opfer gefallen ist, schäumt geradezu über vor Ehrerbietung und Liebe.

Auch die drei Weisen aus dem Morgenland sind mystische Gestalten. Dennoch stellte ich sie mir ganz irdisch vor: Caspar: Ich sehe ihn als Aristokrat aus Persien, als Gelehrten und Forscher, Astronom und Astrologe. Mitglied einer Priesterkaste, der Magier. Caspar kam von der weiten Hochebene des Irans, wo die Luft am Tag so klar ist, dass man die fernsten Bergketten sieht. Und wo nachts der Himmel so groß und nah ist, dass ferne Sterne mit bloßem Auge zu sehen sind. Aus alten persischen Überlieferungen war ihm bekannt, dass der göttliche Lichtbringer für die Welt durch ein Sternfeuer gezeugt wird. Dann wird eine Jungfrau schwanger und bringt den Retter zur Welt. Und in der Nacht, in der das Kind geboren wird, erscheint ein Zeichen: Ein Stern fällt vom Himmel herab. Und nun folgte Caspar dem Stern schon seit Monden, um seinen Lichtbringer, den Morgenstern für die Welt zu finden. Melchior: Für mich ein arabischer Karawanenführer aus Petra, der sagenumwobenen Felsenstadt im heutigen Jordanien. Er war der Fürst seines Stammes, des Volkes der Nabatäer. An jedem Tag, mit der aufgehenden Sonne des neuen Morgens, entzündete Melchior kostbaren Weihrauch, setzte sich davor und schwieg. Seine Gedanken stiegen dem Himmel entgegen, und der Geist Gottes schickte ihm Weisheit und Visionen. Als er mit seiner Karawane aufbrach und eine neue Sternenkonstellation erblickte, hielt er an. Ihm war sofort klar, dass er die Reiseroute ändern musste. Melchior folgte dem leuchtenden Stern, um zu sehen, wohin er ihn führen würde.

Balthasar: Ich sehe einen Mann mit grauen Haaren, langem Bart und der Würde eines Stammesältesten, vielleicht eines Scheichs aus Syrien. Er verfügte über eine besondere Gabe. Er war als Heiler bekannt. Mit geheimnisvollen Gesängen, mit Kraftzeichen auf der Erde und am Himmel kannte er sich aus. Schon seine Vorfahren wussten von den Geheimnissen der Heilkraft von Kräutern, Steinen und Gesängen. Als Balthasar den neuen Stern sah, machte er sich auf den Weg nach Westen und kam in die blühende Handelsstadt Palmyra.

Dort, in der Palmenoase mitten in der Wüste, trafen sich die Karawanen aller Himmelsrichtungen. Hier begegneten sich die drei Weisen und zogen gemeinsam weiter, folgten ihrem Stern. Monde, vielleicht Jahre würden sie wohl brauchen, um den König des Heils zu finden. Doch die Strapaze wollten sie auf sich nehmen.

Wer weiß, vielleicht hat Philipp Nicolai in seinem Lied ja die Gefühle nachempfunden, die die drei Weisen hatten, als sie nach langer Reise an der Krippe in Bethlehem standen:

Von Gott kommt mir ein Freudenschein
wenn du mich mit den Augen dein
gar freundlich tust anblicken.
Herr Jesu, du mein trautes Gut,
dein Wort, dein Geist, dein Leib und Blut
mich innerlich erquicken.
Nimm mich
freundlich
in dein Arme
und erbarme
dich in Gnaden;
auf dein Wort komm ich geladen.

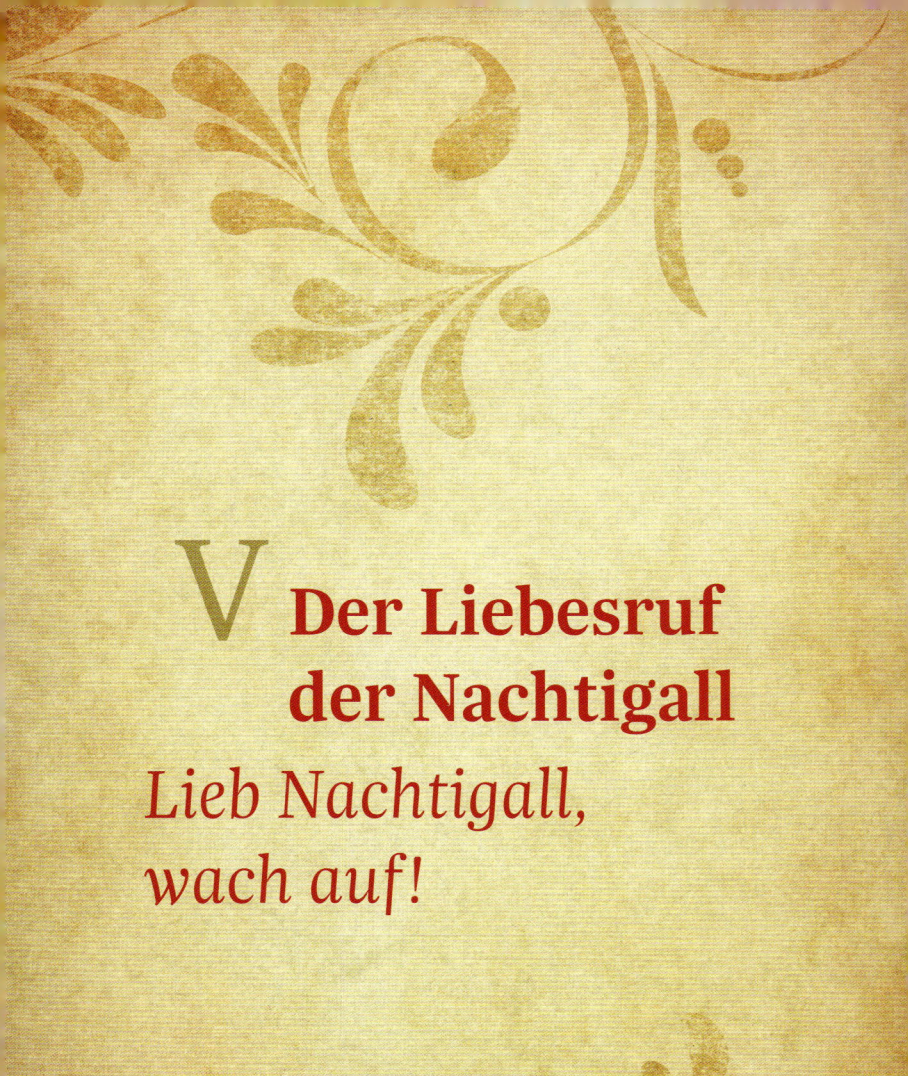

V Der Liebesruf der Nachtigall

Lieb Nachtigall, wach auf!

Lieb Nachtigall, wach auf!

Wach auf, du schönes Vögelein
auf deinem grünen Zweigelein,
wach hurtig auf, wach auf!
Dem Kindelein auserkoren,
heut geboren, fast erfroren,
sing, sing, sing
dem zarten Jesulein!

Eine Nachtigall zur Winterzeit – Wahrheit oder Wunsch? Jedenfalls steht in der Weihnachtsgeschichte nichts, weder von der Nachtigall noch von sonst einem Vogel. Aber dass Ochs und Esel die Geburt Jesu miterlebten, steht ja auch nicht in der Bibel. Sogar die Schafe sind nicht erwähnt, nur von Hirten, die eine »Herde« hüteten, berichtet der Evangelist Lukas. Die bestand wohl eher aus Ziegen als aus Schafen in diesem Wüstengebiet mit kargem Gestrüpp. Und doch gibt es die Bilder und Weihnachtslieder, in denen Tiere ihre Rollen zum Geschehen beitragen. Das kleine musikalische Kunstwerk »Lieb Nachtigall, wach auf!« gehört dazu. Es stammt aus dem sogenannten Bamberger Gesangbuch von 1670. Als Flötenspieler komme ich an dieser Komposition nicht vorbei. Genauso wenig wie an der »Engelsnachtigall« von Jacob van Eyck aus Utrecht; in dem Lied entdeckt der Komponist in der Nachtigall einen Engel. Oder an dem berühmten Lerchenlied des Troubadours Bernhard de Ventadorn, der in der Lerche seine angebetete Herrin erkennt. In dem Lied »Es saß ein klein Wildvögelein auf einem grünen Ästchen« aus dem »Zupfgeigenhansel« schließlich wird ein kleiner Vogel aufgefordert, auch in der Winterzeit für den Menschen die schönsten Lieder zu singen.

In dem Weihnachtslied »Lieb Nachtigall, wach auf« erscheinen ähnliche Bilder. Wie ein Engel möge die Nachtigall fliegen, ohne Ende ihre Lieder singen und ihre Liebe dem Gotteskind senden. Die Nachtigall verkörpert die Musik als wahres Gottesgeschenk. Sie möge musizieren und jubilieren, laut und leise.

Flieg her zum Krippelein,
flieg her, gefiedert Schwesterlein,
blas an den feinen Psalterlein,
sing, Nachtigall, gar fein!

Dem Kindelein musiziere,
koloriere, jubiliere,
sing, sing, sing
dem süßen Jesulein!

Nachtigall ist ein schöner Name für einen Singvogel. In der Nacht, wenn es um uns herum dunkel ist, fängt die Nachtigall an zu singen. Der Gesang mag unsere dunklen Zeiten erleuchten. Wie ein Engel, der uns in der Nacht behütet. Für mich hat der weihnachtliche Singvogel noch einen Ehrentitel: »Engelsnachtigall«.

Als meine Erzieherin Olga im Kinderheim mir das Flötespielen beibringen wollte, setzte sich mich nicht auf einen Hocker, brachte mir zwei Töne bei und quälte mich mit sinnlosen Tonfolgen. Nein, sie ging mit mir in den Wald. Bald saßen wir unter einem Baum. Sie sagte: »Hör mal hin!« Die Luft war voller Vogelgezwitscher. Je länger ich lauschte, umso mehr Stimmen entdeckten meine Ohren: Was für ein Zirpen und Gurren, Singen und Tirilieren, Pfeifen und Schnalzen! »Such dir mal eine aus und versuch, sie auf der Flöte nachzumachen!« Dafür gab sie mir nur den Kopfteil der Flöte. Schon nach kurzer Zeit fand ich heraus, wie ich hineinblasen

musste, um bestimmte Töne zu erzeugen. Und dann erst mit der ganzen Flöte! Ja, die Vögel lehrten mich das Flöten.

Seitdem weiß ich: Flötenspieler können von der Gesangs-kunst der Vögel viel lernen. Es ist das Spiel mit der Luft. Es ist die Kraft der Leichtigkeit. Es ist die Kunst des Wider-stands, um dem Wind zu begegnen. Es ist die Tragkraft der Luft, um im Raum zu schwingen. Es ist die Harmonie, die eine Melodie formt, ob laut oder leise, hoch oder tief, konsonant oder dissonant. Und es ist die Einmaligkeit, die Töne entstehen und vergehen lassen. Die Musik lebt stetig von der Neuschöpfung.

Vielleicht ist das der Grund, weshalb dieses Lied so gut zu Weihnachten passt: Das Wunder von Weihnachten könn-te für uns bedeuten, dass in uns eine neue Harmonie zu wachsen und zu klingen beginnt. An der Krippe entsteht Neues. Wir werden still. Lauschen in unsere Seele und lernen, die Stille der Nacht auszuhalten. Und dann hören wir womöglich in der Stille dieses wundervolle Lied, das die Nachtigall dem Jesuskind singt.

Stimm, Nachtigall, stimm an!
Den Takt gib mit dem Federlein,
auch freudig schwing die Flügelein,
erstreck dein Hälselein!
Der Schöpfer dein Mensch will werden
mit Gebärden heut auf Erden,
sing, sing, sing
dem werten Jesulein.

Ein großer Natur- und Musikliebhaber der Kirchenge-
schichte, Martin Luther, hat diesen Zusammenhang übri-
gens vor fünfhundert Jahren auch gekannt. In einem Gedicht verewigte er die »liebe Nachtigall«, die »alles fröhlich
überall« macht »mit ihrem lieblichen Gesang, des muss sie
haben immer Dank.« Die Nachtigall sei von Gott zur »Meis-
terin der Musik« erschaffen worden, nun singe sie Gott bei
Tag und Nacht ein unermüdliches Loblied »und sagt ihm
ein ewigen Dank«.

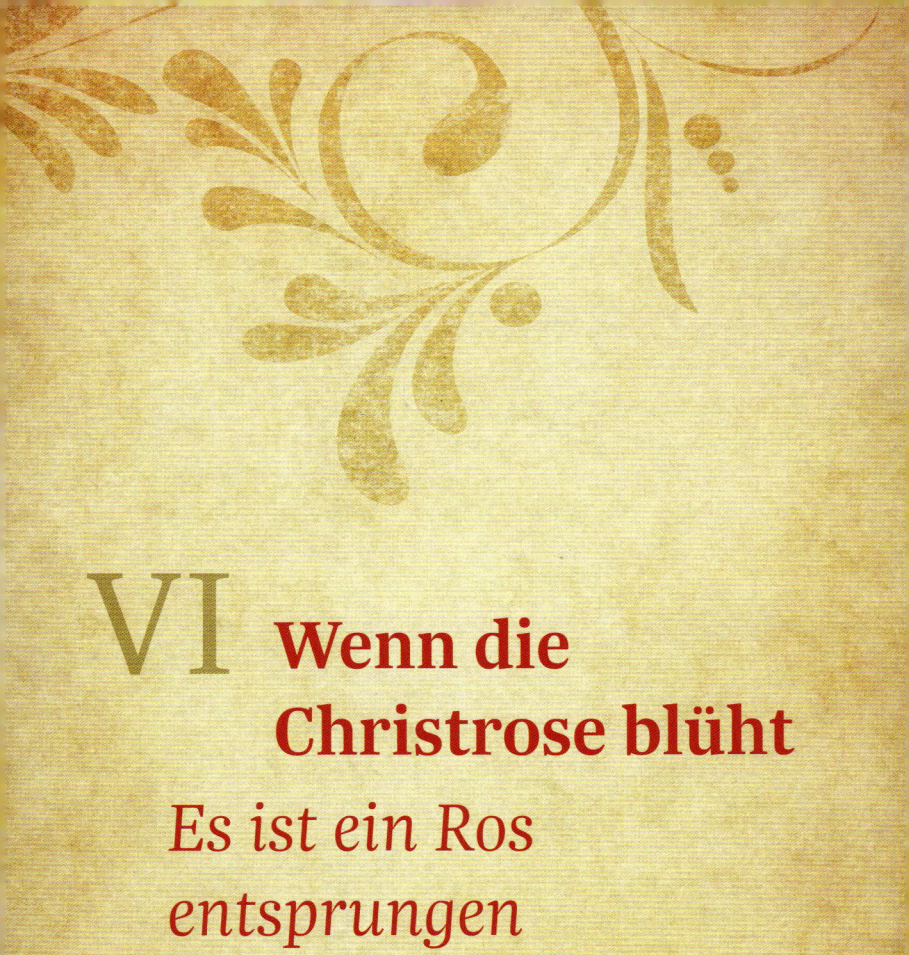

VI Wenn die Christrose blüht

Es ist ein Ros entsprungen

Es ist ein Ros' entsprungen
aus einer Wurzel zart,
wie uns die Alten sungen,
von Jesse kam die Art
und hat ein Blümlein bracht
mitten im kalten Winter,
wohl zu der halben Nacht.

Trier, irgendwann im fünfzehnten Jahrhundert an einem Heilig Abend: Ein junger Mönch namens Laurentius entdeckte mitten im Winter eine blühende Rose. Er war so fasziniert von der Blume, dass er sein Erlebnis in ein Gedicht fasste. Ob er selbst ihm auch die Melodie gab, die bis heute bekannt ist, ist nicht überliefert. »Es ist ein Ros' entsprungen« wurde jedenfalls als »altkatholisches Trierisches Christliedlein« im Jahr 1599 erstmals gedruckt und im »Speyrer Gesangbuch« veröffentlicht. Der Text ist ein Rätsellied, das in der zweiten Strophe die Auflösung bringt.

Es ist die poetische Auslegung eines Bibelverses: »Aus dem Baumstumpf Isais wächst ein Reis hervor, / ein junger Trieb aus seinen Wurzeln bringt Frucht« (Jesaja 11,1). Isai oder Jesse, der Großvater Davids – er steht für die ganze

davidische Familie – ist die uralte Wurzel, aus der neues Leben austreibt und Frucht bringt: den Messias, der nach christlichen Glauben in Jesus auf die Welt gekommen ist. Michael Praetorius, ein protestantischer Kantor in Wolfenbüttel, war von dem Lied stark beeindruckt. Wenige Jahre später schrieb er den bis heute gebräuchlichen vierstimmigen Tonsatz dazu. In der Urfassung meint die »Rose« keine Blüte, sondern den frischen Zweig aus der Wurzel Jesse: Maria ist der Rosenstock, der Frucht bringt; Jesus ist ihre Frucht, das »Blümlein«. Dem Protestanten Praetorius enthielt diese Deutung zu viel katholische Marienverehrung. In seiner zweiten Strophe werden »Röslein« und »Blümlein« in eins gesehen und beide auf Jesus gedeutet. Jesus wurde zur Rose.

Das Röslein, das ich meine,
davon Jesaja sagt,
hat uns gebracht alleine
Marie die reine Magd.
Aus Gottes ew'gem Rat
Hat sie ein Kind geboren
wohl zu der halben Nacht.

In dieser Version zog das Lied auch in die evangelische Kirche ein. Ich finde die Energie, die die Textdichter in dieses Lied gesteckt haben, beachtlich. Was waren das für Zeiten, in denen die Unterschiede zwischen den Konfessionen eine so große Rolle spielten? In dem evangelischen Kinderheim, in dem ich aufwuchs, wurde es stets am Heiligen Abend gesungen. Es wurde zu einem der großen Lieder meiner Kindheit. Jesus als »Blümelein«, wie es in der dritten, später hinzugedichteten Strophe heißt: Diese Erklärung ging mir zu Herzen.

Das Blümelein so kleine,
das duftet uns so süß;
mit seinem hellen Scheine
vertreibt's die Finsternis:
Wahr' Mensch und wahrer Gott,
hilft uns aus allem Leide,
rettet von Sünd und Tod.

Eine Rose mit himmlischen Eigenschaften: Unzählige Künstler hat dieses Rosen-Thema inspiriert zu wunderschönen Bildern und Liedern. Eine Blume zum Symbol für

Gott zu wählen, verschreckt manche Theologen. Und doch liegt darin eine tiefe Wahrheit, die die meisten Menschen in ihrem Innersten erreicht. Die Rose ist ja bis heute ein Symbol der Liebe. Gott ist die Liebe, heißt es in der Bibel (1. Johannes 4,8); vielleicht ist die Rose auch dafür ein wirkmächtiges Zeichen. Und die Liebe wächst sogar in Zeiten, in denen Kälte herrscht, mitten im Winter. Alte Legenden nehmen dieses Motiv auf. Zum Beispiel die des Franziskus von Assisi und seiner Freundin Klara. Als Zeichen für ihre Liebe blühen plötzlich mitten im Schnee unzählige Rosen. Liebe, Glaube und die Schönheit der Rose – was für eine anziehende Kombination.

Ein Widerhall davon ist auch der Weihnachtsstern, den wir uns im Winter in die Wohnzimmer stellen. Auf der Suche nach weiteren Blumen entdeckte ich die Christrose. Eigentlich ist sie ja kein Rosengewächs, sondern zählt zur Familie der Hahnenfußgewächse. Selbst im Winter bei eisigem Schnee blüht sie weiß oder zart rosa. Ihr einsames Aufblühen in kalter Winterlandschaft symbolisiert das Prinzip Hoffnung und damit Weihnachten schlechthin. Jede Rose trägt ihren geheimnisvollen Namen mit Würde. Der Name Christrose mag wohl so etwas sein wie ein Ehrendoktortitel für eine Pflanze, die zu einer außergewöhnlichen Zeit blüht. Sie ist zugleich eine der ältesten bekannten Universal-Heilpflanzen – allerdings ist ihr Wirkmittel sehr vorsichtig anzuwenden und nur in kleinsten Dosen heilend. Schon im Mittelalter wusste man davon. Die Christrose erinnert daran, dass Neues geboren wird. Sie birgt in sich das Bild von einer blühenden Zukunft. Deshalb habe ich ihr vor Jahren ein Lied gewidmet. Zum ersten Mal verfasste ich eine Weihnachtsmusik für Blockflöte, ohne auf ein bekanntes weihnachtliches Lied zurückzugreifen. Die Blockflöte ist eine Außenseiterin in der Musikwelt. So wie die Christrose in der Rosenwelt.

Vielleicht bedeuten für uns die Lieder und die Musik in der Weihnachtszeit so etwas wie das Aufblühen einer zarten Blume, obwohl um sie herum der eisige Wind weht und der Schnee das Land bedeckt.

Musik ist wie eine Rose,
die aufblüht
aus dem geheimen Grund
meines Herzens.

Die Legende von der Christrose

Als Gott die Blumen geschaffen hatte, waren alle noch ganz bleich. Da bat er seine Engel, den Blüten Farben anzumalen. Und die Engel kamen herbei mit Pinseln und vollen Farbtöpfen. War das eine Lust zuzusehen, wie das lichte Azurblau, das strahlende Sonnengelb, das feurige Rot und das leuchtende Orange die zarten Blütenblätter zum Glühen brachte! Ganz hinten in der Reihe der Blumen, die auf die Engel mit den Farbtöpfen warteten, stand ein bescheidendes Pflänzchen. Staunend sah es zu, wie schön seine Blumengeschwister wurden, wie sie sich alsbald wiegten im Sonnenschein, so dass gleich die Bienen und Kolibris kamen und um sie herumsummten. Am meisten angetan hatten es ihm die Rosen mit ihren rosafarbenen und dunkelroten Blütenblättern. In Erwartung des Engels, der es bemalen würde, wurde es schon ganz aufgeregt vor Freude. So schön wie diese Rosen wollte es auch werden. Es dauerte aber noch eine ganze Weile. Die Engel hatten Millionen von verschiedenen Blumen zu bemalen und ließen es an Fantasie nicht fehlen. Unser Pflänzchen war immer noch ganz bleich, als es Abend wurde. Da waren die Farbtöpfe der Engel leer, und sie kehrten zu Gott zurück. Traurig und ganz allein blieb unser Pflänzchen zurück. Es weinte vor Kummer; nun war es keine so schöne Rose geworden! Der Schöpfer hörte das Weinen

der bescheidenen kleinen Pflanze. »Ist denn für mich nichts mehr übrig, kein bisschen Farbe?«, klagte es. »Ja, meine Engel haben wohl ihren ganzen Vorrat verbraucht«, meinte der Schöpfer anteilnehmend. »Und ich wollte doch eine schöne rote Rose werden!«, jammerte das Pflänzchen.

»Nun, Farbe habe ich keine mehr«, meinte der Schöpfer, »aber ich habe etwas ganz Besonderes für dich. Ich gebe dir etwas von meinem weißen göttlichen Licht.« Das Pflänzchen dankte artig, aber der Schöpfer hörte wohl, was es nicht aussprach, nämlich dass es immer noch traurig war, keine Rose geworden zu sein. Darum fügte er hinzu: »Du wirst nicht im Sommer blühen wie all die anderen Blumen, sondern in Schnee und Eis, wenn sonst keine Pflanze Blüten treibt. Und du wirst einen Namen bekommen, wie keine andere Blume auf Erden ihn hat: Christrose.« Damit segnete er das Pflänzchen und ließ seine Blütenblätter in strahlendem Weiß aufleuchten. Um die Weihnachtszeit herum blüht unter dem Schnee eine weiße Blume, und manchmal, wenn sie ihren schönen Namen hört, Christrose, hat das Weiß ihrer Blütenblätter einen Hauch Rosa. Ob sie sich freut und darum von innen her glüht oder ob sie doch immer noch an die roten Rosen denkt und ihnen ähnlich sein will, müsst ihr sie einmal fragen.

Der VII Weihnachtsstern

*Vom Himmel hoch,
da komm ich her*

Vom Himmel hoch, da komm ich her

Dies empfinden die meisten Menschen als allerschönste Weihnachtsidylle: Vater, Mutter und Kinder sitzen am Heiligen Abend zusammen, musizieren und erfreuen sich gegenseitig mit Geschenken. Diese Art, Weihnachten zu feiern, geht maßgeblich auf Martin Luther zurück. Der Mönch hatte vor fünfhundert Jahren mit der Bibel in der Hand sein Keuschheitsgelübde gebrochen und die dem Kloster entflohene Nonne Katharina von Bora geheiratet. Schnell kamen mehrere Kinder auf die Welt, und Luther machte sich Gedanken, wie die Familie Weihnachten feiern könnte. In jedem Fall gehörte Musik dazu – die schätzte Luther unter anderem deswegen, weil sie »Herzeleid« und »Traurigkeit« vertreibe und das »Herz still und bereit« mache, die »göttliche Wahrheit« zu empfangen. Die Musik sei ein Geschenk Gottes, sagte Luther, sie sei eine Trösterin, »weil sie die Seelen fröhlich macht und unschuldige Freude weckt«. Nicht zuletzt könne der Glaube viel besser mit Musik als mit bloßem Reden vermittelt werden.

Diese Überlegungen werden mitgeschwungen haben, als er für das Weihnachtsfest 1535 ein Lied schrieb. Luther besaß die Fähigkeit, dem Volk »aufs Maul« zu schauen – und

zuzuhören. Er kannte das sehr beliebte weltliche Tanzlied, in dem ein Bänkelsänger auftrat und sang: »Ich komm aus fremden Landen her / und bring euch viel der neuen Mär. Der neuen Mär bring ich so viel, / mehr denn ich euch hier sagen will.« Bänkelsänger waren damals so etwas wie singende Nachrichtensender. Sie trugen Wichtiges und Unwichtiges von Ort zu Ort und erzählten den Menschen singend, was auf der Welt und im Nachbardorf geschah. Luther versah nun dieses beliebte Bänkellied mit einem christlichen Text. Der Bänkelsänger sollte keinen Tratsch mehr weitererzählen, sondern die wichtigste Nachricht der Welt verkünden.

Vom Himmel hoch, da komm ich her,
ich bring euch gute neue Mär,
der guten Mär bring ich so viel,
davon ich singn und sagen will.

Fast wie ein Rätsel wirkt die erste Strophe: Wer ist das, der da die gute Nachricht vom Himmel bringt? Das kann nur ein Engel sein! Seine Botschaft lautet so:

Euch ist ein Kindlein heut geborn
von einer Jungfrau auserkorn,
ein Kindelein, so zart und fein,
das soll eu'r Freud und Wonne sein.

Es ist der Herr Christ, unser Gott,
er will euch führn aus aller Not,
er will eu'r Heiland selber sein,
von allen Sünden machen rein.

Fünfzehn Strophen dichtet Luther, in denen er das Geschehen im Stall von Bethlehem fantasievoll ausschmückt. Und das gloriose Finale endet so:

Lob, Ehr sei Gott im höchsten Thron,
der uns schenkt seinen ein'gen Sohn.
Des freuen sich der Engel Schar
und singen uns solch neues Jahr.

Ich kann mir gut vorstellen, wie der beleibte Luther, der stolze Familienvater, das Lied vorgesungen und es seinen Kindern und seiner Frau beigebracht hat, Strophe für Strophe. Wahrscheinlich konnte er Laute spielen, vielleicht waren auch Flöten dabei, spätere Maler haben sie jedenfalls hinzugefügt, wenn sie »Weihnachten bei Luther« auf die Leinwand gebannt haben.

Solch eine Familienidylle habe ich als Kind nie erlebt. Aber die Adventssonntage und Weihnachtsabende in dem Heim, in dem ich meine Kindheit verbrachte, sind mir mindestens ebenso gut in Erinnerung. Das hohe Treppenhaus mit seiner geschwungenen Treppe wurde festlich geschmückt, nachmittags versammelten sich alle Kinder und Erzieherinnen und wir sangen die Lieder des »Quempas«, einer weihnachtlichen Liedersammlung. Mehrere Male durfte ich eine besondere Rolle übernehmen: Von ganz oben sang ich ganz alleine die Engelsbotschaft: »Ehre sei Gott in der Höhe.« Dann stieg ich die geschwungene Treppe hinab zu den Hirten, die unten vor Freude tanzten. Eine Einsicht hat sich seitdem bei mir verankert: Engel ehren Gott nicht nur im Himmel, sondern auch auf Erden: Sie kommen herab zu den Menschen.

Am Heiligen Abend dann war ein großer Baum in unserem Gruppenwohnzimmer aufgerichtet. Wir mussten draußen bleiben und warteten ungeduldig. Und dann öffnete sich irgendwann die Tür und erlaubte uns einen prächtigen Blick auf Kerzenlichter, Schmuck und Geschenke. Danach saßen wir noch zusammen, Erzieherin Olga holte ihre Flöte und spielte die Weihnachtslieder, die uns das Gefühl der Vertrautheit und der Heimat schenkten. Es kehrte Friede ein an diesem Abend, im wörtlichen Sinne: Die Rabauken gaben Ruhe, die Stillen staunten in großer Freiheit und die Weinerlichen wirkten tatsächlich getröstet.

Das Lied »Vom Himmel hoch« begleitet mich auch heute noch, ich habe es für Konzerte aufbereitet. Die Melodie ist ja eher trocken und für den einfachen Gesang geschrieben. Also habe ich ihr in der Form einer musikalischen Meditation etwas Schwebendes gegeben mit ganz ruhigen zusätzlichen Klängen und Melodiebögen.

Auch das Thema des Engels, der aus dem Himmel hinabsteigt, hat mich zeitlebens begleitet. Erst vor kurzem hat mich eine moderne Version des australischen Künstlers Tohby Riddle sehr berührt. In seiner Geschichte fällt einer der vielen Schutzengel »von Gefühlen überwältigt« auf die Erde hernieder. Unsichtbar geht er müde durch die Welt,

schläft erschöpft auf einer Parkbank ein und versteinert. So wird er greifbar und sichtbar; schließlich stellen Menschen ihn auf einen Sockel. Gott sei Dank erkennen Kinder, dass das kein normales Denkmal ist; sie holen ihn herunter vom Sockel, kümmern sich rührend um ihn, spielen ihm auch Musik vor – bis er gestärkt ist. Geheilt und leicht wie eine Feder fliegt er wieder in den Himmel.

Welch bezauberndes Motiv und welch tiefe Wahrheit: Auch Menschen können zu Engeln werden – sogar für Engel, denn auch die sind bisweilen bedürftig.

VIII

Wenn Dornen Rosen tragen

*Maria durch ein'
Dornwald ging*

Maria durch ein' Dornwald ging

Wer war eigentlich Maria aus Nazareth, von der die biblischen Berichte sagen, sie sei die Mutter Gottes? Mit den Augen gesehen: eine einfache junge jüdische Frau, die unter ungeklärten Umständen schwanger wurde und Seltsames erlebte.

Mit der Seele empfunden: eine Frau, die dem himmlischen Geheimnis unsagbar nahe war. Die mit dem Göttlichen in einer Weise verbunden war, die alles Vorstellbare übersteigt. Der Dichter Novalis hat unvergleichlich schön beschrieben, wie viele Vorstellungen von Maria kursieren und wie schwer beschreibbar sie ist:

Ich sehe dich in tausend Bildern,
Maria, lieblich ausgedrückt,
doch keins von allen kann dich schildern,
wie meine Seele dich erblickt.

Dennoch versuchen durch die Jahrhunderte hindurch bis heute immer wieder Schriftsteller und Poeten, Maria auf eine Weise in Worte zu fassen, dass ihr Wesen erkennbar wird. So haben das auch die seit alters her frommen Menschen

im Eichsfeld versucht. Sie erzählten eine Geschichte von Maria. Die hört sich fast wie ein Märchen an, das in einem verwunschenen Wald spielt.

Maria durch ein' Dornwald ging
Kyrieleison!
Maria durch ein' Dornwald ging,
der hatte in sieben Jahr'n kein Laub getragen!
Jesus und Maria.

Dieser Dornwald, durch den Maria geht, ist leblos und tot. Gestrüpp. Kein Leben, nirgends. Seit sieben Jahren schon. Da wird aller Voraussicht nach nichts mehr wachsen. Und bedrohlich sind die Sträucher trotzdem, es sind noch Dornen an ihnen. Und dann diese lebenshungrige junge Frau mitten im Todesfeld, ihr junger Körper bedroht durch scharfe Dornen. Zudem ist sie nicht allein, berichtet das Lied. Sie muss nicht nur für sich selbst sorgen. Maria ist schwanger.

Was trug Maria unterm Herzen?
Kyrieleison!
Ein kleines Kindlein ohne Schmerzen,
das trug Maria unter ihrem Herzen.
Jesus und Maria.

Als die Dramatik kaum zu übertreffen ist, kommt die Überraschung. Der tote Dornwald blüht auf. Offensichtlich ist die Ausstrahlung Marias so stark, dass das für tot Erklärte wieder erblüht. Das Dornendickicht verwandelt sich unversehens in ein Rosenparadies.

Da haben die Dornen Rosen getrag'n;
Kyrieleison!
Als das Kindlein durch den Wald getragen,
da haben die Dornen Rosen getragen!
Jesus und Maria.

Dieses Lied gehört heute zu den beliebtesten Adventsliedern. Zum einen wohl, weil es mit märchenhaften Bildern unmittelbar die Seele trifft. Zum anderen, weil es

die Symbolik des Wanderns, des Reisens aufnimmt. Das kennt jeder: unterwegs sein, dunkle Täler und gefährliches Terrain durchqueren müssen. Die Mystiker vieler Religionen schildern das ganze Leben als eine Reise. Und sie verknüpfen den Weg mit der Vorstellung eines göttlichen Kindes, das jeder Mensch in sich trägt. So wie Maria Jesus unter ihrem Herzen trägt, wächst in jedem Menschen etwas Göttliches heran. Andere nennen es den »göttlichen Funken«. Ihn zu behüten und zu schützen, gehört zu den spirituellen Aufgaben jedes und jeder Einzelnen. Und so sehe ich mich manchmal schreiten wie Maria durch den Dornwald. Mal ängstlich, dass dem Göttlichen in mir etwas zustoßen könnte. Mal staunend, welche unerwarteten Wunder es mir beschert.

»Maria durch ein' Dornwald ging«: Spiele ich die Melodie mit der Flöte, dann singe ich innerlich die Worte mit und schreite dabei durch den Raum. Dabei beschreibe ich die Wanderung Marias mit stetig fließenden Tönen. Durch das Gleichmaß des Schreitens entsteht mit der Zeit ein Gefühl der Sicherheit, so wie Maria es empfunden haben mag, die ja das neue Leben durch die Dornen trug. Aber auch das Gefühl des Behütetseins, so wie das Kind im Bauch der Maria es gespürt haben mag. Zusammen mit der zauber-

haften alten Melodie versetzt mich die Musik in einen Zustand der Sorglosigkeit. Keine Angst: Es wird schon einen Engel geben, der auf mich achtet, damit ich nicht ins Stolpern gerate, wenn mir Steine im Weg liegen. Der Engel sagt mir aber auch: »Nimm dir Zeit, hetze nicht, sondern schreite! Sei achtsam! Achte auf das, was am Weg deiner Reise blüht!«

Das ist ein Grund, warum mir Maria wichtig geworden ist. Das Lied hat mir einen wundervollen Zugang zu ihr eröffnet, jenseits der theologischen Lehrsätze. »Meine« Maria ist erhaben über die Welt der Richtigkeiten. Sie spricht zu mir durch die Musik und die Poesie. Diese Erfahrung teile ich mit Novalis, der seine Seelen-Maria in der zweiten Strophe seines Gedichts so beschreibt:

Ich weiß nur, dass der Welt Getümmel
seitdem mir wie ein Traum verweht
und ein unnennbar süßer Himmel
mir ewig im Gemüte steht.

76

IX

Das lautlose Lied der Schneeflocke

Leise rieselt der Schnee

Leise rieselt der Schnee,
still und starr ruht der See,
weihnachtlich glänzet der Wald:
Freue dich, Christkind kommt bald!

Eigentlich ein Kinderlied. Ein adventliches Lied. Ein Lied über Schnee, Kälte und Winter. In ihm spielen die Naturschönheit und die Vorfreude auf Weihnachten miteinander. Ich staune, wie in einem so kurzen Melodienbogen die Aura einer winterlichen Natur spürbar wird. Die Töne zum Text wirken wie eine Tonmalerei, als sei jeder Ton eine Schneeflocke, als würde der Schnee sich sanft wie eine Decke auf die Erde legen, um sie zu erwärmen.

Lange hatte ich zu diesem Lied keinen Zugang. Kitsch, oder? Darf das sein? Natürlich! Höre ich genau hin, erschließt sich mir eine geniale Komposition, und ich fange an zu staunen: Erst einmal fällt der langsame Walzerrhythmus auf, wie ein Wiegenlied. Eine Melodie, die mich einladen will, mich wohlzufühlen: Lass deine Seele baumeln. An nur einer Stelle wird das Wiegengefühl durchbrochen; da, wo es heißt: »Freue dich«. Als wollte der Komponist uns an dieser Stelle stolpern lassen.

An diesem kleinen, fast unauffälligen Melodiepunkt entsteht zugleich der größte Tonabstand zwischen zwei Tönen. Und das ist noch nicht alles. Der so kurze Melodiebogen birgt ein Geheimnis in sich. Denn der tiefste langgezogene Ton entsteht da, wo der »See starr ruht«. Und der höchste Ton in der Melodie betont den »weihnachtlich glänzenden Wald«. Und dann höre ich, wie sich das ganze Lied wie eine Welle bewegt. Die Welle ist das Meer. In der gesamten Aura des Liedes breitet sich Stille, Reinheit und Feierlichkeit aus.

In den Herzen ist's warm,
still schweigt Kummer und Harm,
Sorge des Lebens verhallt:
Freue dich, Christkind kommt bald!

Als ich zu dem Lied eine Klavierbegleitung schreibe wollte, entdeckte ich etwas Bemerkenswertes. Sowohl eine eher fröhliche Dur- als auch eine melancholische Moll-Tonart sind möglich. Wenn ich heute das Lied mit der Flöte spiele, nehme ich die größte Flöte zur Hand. Sie misst fast zwei Meter Länge. Mit der Bassflöte erde ich das mir lieb gewordene Lied. Denn Schnee liegt auf der Erde und schwebt

nicht. Mit den tiefen Basstönen wird Stille in den Raum getragen, breitet sich aus wie ein tiefer Frieden über weitem Land. Das ist »stille Nacht«.

Bald ist heilige Nacht,
Chor der Engel erwacht;
Horch nur, wie lieblich es schallt:
Freue dich, Christkind kommt bald!

Allen, die dieses Lied in die Schublade »kitschig« einordnen, erzähle ich gerne: Geschrieben hat es ein Theologe! Er hieß Eduard Ebel, wirkte im neunzehnten Jahrhundert als evangelischer Pfarrer, Superintendent und Dichter. 1895 hat er das Lied erstmals veröffentlicht unter dem lapidaren Titel »Weihnachtsgruß«. Entstanden ist es im (früher preußischen, heute polnischen) Graudenz. Und die Melodie? Woher sie stammt, ist ungeklärt. Einige sagen, Ebel habe auch sie geschrieben; andere meinen, die Melodie gehe auf eine Volksweise zurück. Der Pfarrer hatte durchaus missionarische Absichten, glaube ich: Er wollte in der Adventszeit ein Lied singen, das auch Kindern das Warten erklärt und die Ehrfurcht vor der »heiligen Nacht« bewahrt.

Bei mir hat er damit Erfolg gehabt. Als Kind habe ich das Lied wie eine warme Decke empfunden, die mir jemand über den müden Körper legt. Wer das Christkind wohl ist, habe ich dann manchmal gedacht: das neugeborene Jesuskind? Das konnte ja nicht kommen, so viel war klar. Nein, das Christkind bringt Geschenke, es muss fliegen können, so wie ein Engel, der unbemerkt vorbeikommt und den Kindern Päckchen hinterlässt. Mit dieser Fantasie war ich nicht allein, weiß ich inzwischen, die gibt es schon seit Hunderten von Jahren. Heute begegnet mir das Christkind oft in Weihnachtsspielen, meist wird es von einem Mädchen verkörpert mit blauen Augen und blonden Locken. Doch, Glaube darf auch kitschig sein!

X Das Schiff unserer Seele

Es kommt ein Schiff, geladen

Es kommt ein Schiff, geladen
bis an sein' höchsten Bord,
trägt Gottes Sohn voll Gnaden,
des Vaters ewig's Wort.

Seit Urzeiten sind Schiffe Symbole für Übergänge. In der antiken Mythologie nutzen Götter sie, um zwischen den verschiedenen Welten zu pendeln. Auch bringen Schiffe die Seelen Verstorbener ins Reich des Todes, das von der Welt der Lebenden durch einen breiten Fluss oder gar ein Meer getrennt ist. Mystiker wissen um die Symbolkraft von Schiffen. Der Dominikanermönch Johannes Tauler etwa. »Es ist eine wahre Schmach und Schande«, war Tauler überzeugt, »dass wir Christen wie blinde Hühner umhergehen und nicht erkennen, was in uns ist, und davon gar nichts wissen.« Auch, um die Wahrheiten des Glaubens zu erkennen, müssten die Menschen in sich hineinhören. Und so entwarf der fromme Mönch nicht neue Glaubenssätze, sondern Traumbilder. Zum Beispiel das von einem Schiff, das Gottes Sohn in die Welt bringt. Wahrscheinlich war in ihm selbst dieses Bild entstanden. Und wie ein Maler seine Traumbilder mit Farbe festhält, waren Taulers Ausdrucksmittel die Worte. Erstaunlich, wie detailliert er das Schiff beschreibt:

Das Schiff geht still im Triebe,
es trägt ein' teure Last;
das Segel ist die Liebe,
der Heilig' Geist der Mast.

Viele Mönche, besonders in der keltischen Kultur, wählten sich Inseln für ihre Klöster aus. Abgeschieden von der Welt, die auf dem Festland tobte, wollten sie sich in der Einsamkeit selbst ernähren und Gott dienen. Um dorthin zu kommen, war eine Fahrt mit dem Schiff unerlässlich. Was das bedeutet, habe ich in Irland erlebt. Einige Kilometer vor der steinigen Westküste ragen zwei karge Felsen aus der meist rauen See: die Skellig Mountains. Kaum zu glauben, dass hier jahrhundertelang Mönche lebten. Um sie zu erreichen, musste man kleine Boote nehmen. Die irischen Fischer freuen sich über Wagemutige wie mich, die sich die Klosterberge ansehen wollen. Als ich das erste Mal hinüberfuhr, war der Seegang zu hoch; unser Boot konnte nicht am Anleger festmachen, und wir mussten zurückkehren. Am Tag danach hatte sich der Wind gelegt, und wir kamen trockenen Fußes an. Mehr als siebenhundert Stufen hatten die Mönche in den Fels gehauen; oben angekommen, sah ich die Überreste ihrer Steinhäuser. Hier können nur Menschen überleben, die ganz eins mit sich und Gott sind, schoss es mir in den Kopf.

Der Anker haft' auf Erden,
da ist das Schiff am Land.
Das Wort will Fleisch uns werden,
der Sohn ist uns gesandt.

> Gott ist in Jesus Christus auf die Welt gekommen. Um
> Glaubenswahrheiten weiterzuerzählen, sind Bilder un-
> erlässlich. Unser Weihnachtslied schwenkt um und lenkt
> den Blick auf die Krippe. Auch sie ist ja keine historische
> Richtigkeit, sondern eine wunderschöne Glaubenserzäh-
> lung. Auch sie nutzt Tauler für sein Lied.

Zu Bethlehem geboren
im Stall ein Kindelein,
gibt sich für uns verloren;
gelobet muss es sein.

Und wer dies Kind mit Freuden
umfangen, küssen will,
muss vorher mit ihm leiden
groß' Pein und Marter viel,

danach mit ihm auch sterben
und geistlich auferstehn,
ewig's Leben zu erben,
wie an ihm ist geschehn.

Als Musiker fällt mir auch die Tiefe der Melodie des Liedes auf. Sie unterstreicht die Aussage des Textes, mehr noch: Sie transportiert die Worte in die Seele, wo sie wirken und heilen können. Es beginnt mit einem Wiegerhythmus. Ein Hin und Her, als Zuhörer oder auch Sänger werde ich geschaukelt und mache die Erfahrung: Das Wasser hält mich, ich werde getragen. Die Wellen des Lebens bewegen mich. Die Balance ist schwer zu halten, fast ist es, als führe das Schiff in die Ewigkeit hinüber. Doch dann wechselt der Rhythmus, wird ganz gleichmäßig. Ich bin angekommen. Der Anker ist geworfen. Ich halte an. Ich betrete festen Boden. Ich werde festgehalten. Und habe den Wechsel vollzogen: von der Unsicherheit zur Gewissheit. Von sanfter Ahnung zum frohen Fest.

Auf einer Jordanien-Reise begegnete ich einer Musikgruppe, die auf historischen Instrumenten spielten, dazu sangen und tanzten. Das Lied, das die Männer und Frauen spielten, stammte aus Persien, aus der islamischen Tradition des

Sufismus, von einem Poeten namens Sanaj. Es war rund dreihundert Jahre älter als das Weihnachtslied vom geladenen Schiff. Als man mir den Text übersetzte, staunte ich nicht schlecht:

Das Schiff,
mit dem wir über die Meere fahren,
heißt Traurigkeit.
Die Geduld muss es festhalten,
wie ein Anker in rauer See.
Am harten Wind des Leidens
sind die alten Segel gesetzt.
Ins aufbrausende Meer, warum nur,
wurde ich gestoßen.
Ich ertrank und ich war tot.

O Wunder! Ich lebe!
Ich fand die kostbare Perle,
jene, die niemand sonst findet,
als meinen Gewinn.

Hans-Jürgen Hufeisen

ist Blockflötenspieler, Komponist, Arrangeur, Choreograf:
Sein kreatives Schaffen umfasst über dreißig CDs, die sich
vier Millionen Mal verkauften, ungefähr vierzig Konzerte
pro Jahr und die Durchführung großer Anlässe in verschiedenen Ländern. Seit 1983 schuf er große Bühnenwerke
(Musik, Choreografie und Texte) für den Deutschen Evangelischen Kirchentag. In Konzert-Meditationen mit Anselm
Grün oder Margot Käßmann begeistert er das Publikum.
Hufeisen, 1954 geboren, wuchs bis 1972 im Kinderdorf
Neukirchen-Vluyn auf, studierte Blockflöte, Musikpädago-
gik und Komposition an der Folkwang-Musikhochschule
Essen und war in den Jahren 1977 bis 1991 als Referent für
musisch-kulturelle Bildung der Evangelischen Landeskir-
che in Württemberg tätig. Seit 1991 arbeitet der Künstler
freischaffend und lebt in Zürich.

Im Internet:
www.hufeisen.com

Literaturhinweise:
Uwe Birnstein. Das unglaubliche Leben des Flötenspielers
Hans-Jürgen Hufeisen, Freiburg im Breisgau 2014
Tohby Riddle: Der Engel aus dem Nirgendwo. Übertragen
von Hans-Jürgen Hufeisen, Stuttgart 2014

Zum Buch erscheint folgende Audio-CD

Hans-Jürgen Hufeisen
Die heilende Kraft der Weihnachtslieder
Eine kleine Musik für dich

EAN 42 603 9902 217-5
Verlag am Eschbach in der Verlagsgruppe Patmos
Musik-CD, Spielzeit ca. 30 Minuten, Digipack

Die Audio-CD enthält die Melodien aller zehn
in diesem Buch vorgestellten Lieder, gespielt
von Hans-Joachim Hufeisen.
Buch und CD: Das passende Geschenk
zu Weihnachten!

Bildnachweis
Umschlagmotiv: © Aaron Hernandez/123rf.com
Innenteil: Hintergrundvignetten © mammuth/iStock.com,
Seite 6 © exclusive-design/Fotolia.com, 14 © marcelilie/
shutterstock.com, 22 © Markus Bibelriether, 30 © Andreas
Verheiratet/123rf.com, 39 © Archiv Hufeisen, 46 © Archiv
Hufeisen, 49 © Vlada Z/shutterstock.com, 55 © MaskaRad/
shutterstock.com, 58 © Charles Wollertz/123rf.com, 64 ©
David Sucsy/iStock.com, 73 © Paul Aniszewski/
shutterstock.com, 74 © Zvonimir Atletic/shutterstock.com,
79 © Miriam Doerr/shutterstock.com, 86 © Sazonoff/
iStock.com, 91 © Archiv Hufeisen

Ein CAMINO-Buch aus der
© Verlag Katholisches Bibelwerk GmbH, Stuttgart 2015
Alle Rechte vorbehalten
Designschutz beantragt

Redaktion: BirnsteinsBüro
Gesamtgestaltung: wunderlichundweigand
Herstellung: Finidr s.r.o., Český Těšín
Printed in the Czech Republic

ISBN 978-3-460-50013-6